ເຄື່ອງໃນທ້ອງຮຽບ

ໂດຍ: ພອນສະໝຸກ ເອດຂະວົງ

ຮູບໂດຍ: ລຳຄາ ອິຊາເບລ ເຄ

Library for All Ltd.

ອົງການ Library For All ແມ່ນອົງການທີ່ບໍ່ຫວັງຜົນກຳໄລ ທີ່ມີພັນທະກິດທີ່ຈະເຮັດໃຫ້ທຸກຄົນສາມາດເຂົ້າເຖິງແຫຼ່ງຄວາມຮູ້ ຜ່ານນະວັດຕະກຳຫ້ອງສະໝຸດດິຈິຕອນ.
ເຂົ້າເບິ່ງລາຍລະອຽດເພີ່ມເຕີມທີ່: libraryforall.org

ເຄື່ອງໃນຫ້ອງຮຽນ

ພິມຄັ້ງທຳອິດ 2020

ຈັດພິມໂດຍ: ອົງການ Library For All
ອີເມວ: info@libraryforall.org
URL: libraryforall.org

ປຶ້ມພາສາລາວເຫຼັ້ມນີ້ ຖືກສະໜັບສະໜູນໂດຍການຮ່ວມມືຂອງ

ຮູບແຕ້ມຕົ້ນສະບັບໂດຍ ລໍຣາ ອີຊາເບລ໌ ເຣ

ເຄື່ອງໃນຫ້ອງຮຽນ
ພອນສະໜຸກ ເວດຊະວົງ
ISBN: 978-9932-09-129-4
SKU01111

ເຄື່ອງໃນທ້ອງຮຽບ

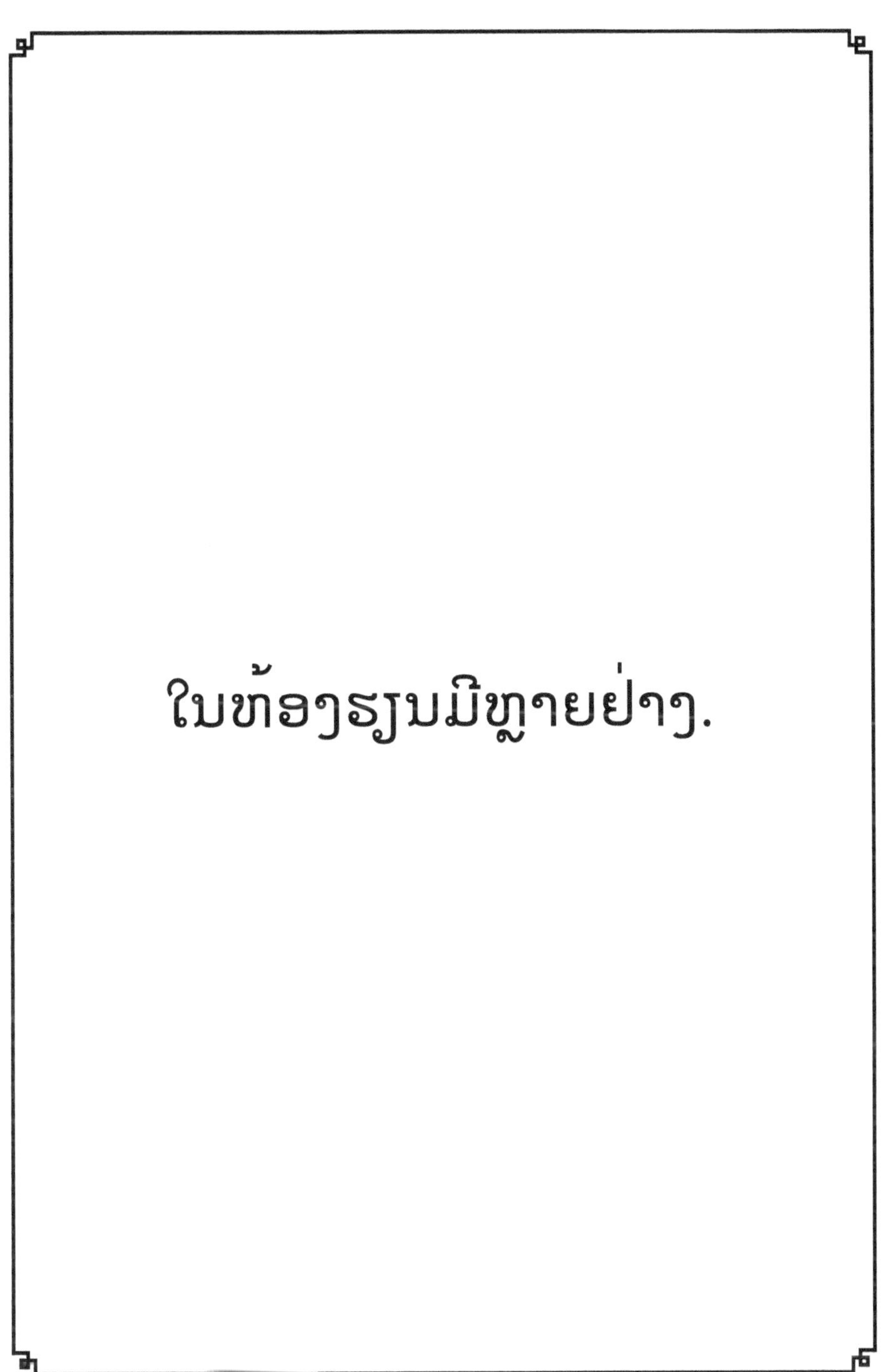

ໃນທ້ອງຮຽນມີຫຼາຍຢ່າງໆ.

ມີໂຕະ ແລະ ຕັ່ງຖູ.

ມີ ໂຕະ ແລະ ຕັ່ງນັກຮຽນ.

ມີກະດານດຳ ແລະ ສຳຂາວ.

8 × 4 = 32
9 × 9 = 5
6 × 5 =

ມີຕູ້ໃສ່ປຶ້ມ.

ມີປຶ້ມແບບຮຽນ.

4 + 0 − 6
8 X ÷ 1

ມິກະຕ່າຂີ້ເທຍ໊ອ

ບໍ ແຜບທ່ໂລກ.

ມີກະເປົານັກຮຽນ.

ມົກັບສ.

ຂໍ້ມູນທາງບັນນາບຸກົມຂອງຫໍສະໝຸດແຫ່ງຊາດ

ພອນສະໝຸກ ເອດຂະວົງ
    ເຄື່ອງໃບທ້ອງຮຽບ 1 / ໂດຍ ພອນສະໝຸກ ເອດຂະວົງ. --
ວຽງຈັນ : ມັກອານ, 2020
    21 ໜ້າ : ພາບປະກອບສີ ; 21 ຊມ
    1. ວັນນະກຳສຳລັບເດັກ
    I. ຊື່ເລື່ອງ
808.899282 -- dc21
    ເລກທະບຽບພິມຈຳໜ່າຍ: ຕາມທບ293ພຈ 27102020
    ISBN 978-9932-09-129-4

ເຈົ້າສາມາດໃຊ້ຄຳຖາມດັ່ງລຸ່ມນີ້ເພື່ອ ສົນທະນາກ່ຽວກັບເລື່ອງທີ່ອ່ານກັບ ຄອບຄົວ, ໝູ່ ແລະ ຄູອາຈານ.

ເຈົ້າໄດ້ຮຽນຮູ້ຫຍັງຈາກເລື່ອງນີ້?

ຈົ່ງອະທິບາຍເລື່ອງນີ້ ໂດຍໃຊ້ຄຳບັບຍາຍ 1ຄຳ. ຕະຫຼົກ? ຢ້ານ? ມິສິສັນ? ໜ້າສົນໃຈ?

ເມື່ອອ່ານຈົບແລ້ວ, ເລື່ອງນີ້ໃຫ້ຄວາມຮູ້ສຶກຫຍັງແດ່?

ໃນເລື່ອງນີ້, ເຈົ້າມັກສິ່ງໃດຫຼາຍທີ່ສຸດ?

ດາວໂລດແອັບ
getlibraryforall.org

ກ່ຽວກັບຜູ້ປະກອບສ່ວນ

Library For All ເຮັດວຽກຮ່ວມມືກັບນັກຂຽນ ແລະ ນັກແຕ້ມ
ທົ່ວ ໂລກເພື່ອສ້າງເລື່ອງທີ່ຫຼາກຫຼາຍ, ມີຄຸນນະພາບສູງໃຫ້ກັບຜູ້
ອ່ານໂຕນ້ອຍ. ທຸກຄົນສາມາດເຂົ້າໄປ ເອັບໄຊ libraryforall.org
ເພື່ອຮູ້ຂ່າວຫຼ້າສຸດ ກ່ຽວກັບກິດຈະກຳຝຶກອົບຮົມນັກຂຽນ, ຄູ່ມືຕ່າງໆ ແລະ
ໂອກາດສ້າງສັນອື່ນໆ.

ປື້ມທືໍອນີ້ມອບນ່?

ພວກເຮົາມີປື້ມຫຼາຍຮ້ອຍຫົວໃຫ້ເລືອກອ່ານ.

ພວກເຮົາຮ່ວມມືກັບນັກຊຽນ, ຊ່ຽວຊານດ້ານການສຶກສາ, ທີ່ປຶກສາທາງດ້ານວັດທະນະທຳ, ລັດຖະບານ ແລະ ອົງກອນທີ່ບໍ່ຂຶ້ນກັບລັດຖະບານ ເພື່ອນຳຄວາມເພີດເພີນ ໃນການ ອ່ານໃຫ້ກັບເດັກນ້ອຍທົ່ວທຸກແຫ່ງ.

ຮູ້ບໍ່?

ພວກເຮົາສ້າງການປ່ຽນແປງທີ່ດີໃນຊົງເຂດນີ້ ໂດຍປະຕິບັດ ເປົ້າໝາຍການ ພັດທະນາແບບຍືນຍົງຂອງສະຫະປະຊາຊາດ.

libraryforall.org